This Recipe Book Belongs To:

....

My Recipe Book

© 2018 Aubrey Ellen. All rights reserved. No part of this publication may be reproduced, distributed, or transmitted in any form or by any means.

Notes

Notes

Recipe: .... Serves: ....

Prep Time: ....   Cook Time: ....   Oven Temp: ....

Ingredients

....	....
....	....
....	....
....	....
....	....
....	....
....	....
....	....

Directions
....
....
....
....
....
....
....
....
....
....

Notes

Recipe: .... Serves: ....

Prep Time: .... *Cook Time:* .... *Oven Temp:* ....

Ingredients

....	....
....	....
....	....
....	....
....	....
....	....
....	....

Directions

....
....
....
....
....
....
....
....
....

Notes

Recipe: .... Serves: ....

Prep Time: ....   *Cook Time:* ....   *Oven Temp:* ....

Ingredients

....	....
....	....
....	....
....	....
....	....
....	....
....	....
....	....

Directions

....
....
....
....
....
....
....
....
....
....

Notes

Recipe: .... Serves: ....

Prep Time: .... *Cook Time:* .... *Oven Temp:* ....

Ingredients

....
....
....
....
....
....
....
....

Directions

....
....
....
....
....
....
....
....
....

Notes

Recipe: .... Serves: ....

Prep Time: .... *Cook Time:* .... *Oven Temp:* ....

Ingredients

....	....	....	....
....	....	....	....
....	....	....	....
....	....	....	....
....	....	....	....
....	....	....	....
....	....	....	....
....	....	....	....

Directions

....
....
....
....
....
....
....
....
....

Notes

Recipe: .... *Serves:* ....

Prep Time: .... *Cook Time:* .... *Oven Temp:* ....

Ingredients

Directions

Notes

Recipe: .... Serves: ....

Prep Time: .... *Cook Time:* .... *Oven Temp:* ....

Ingredients

Directions

Notes

Recipe:

Serves:

Prep Time: **Cook Time:** **Oven Temp:**

Ingredients

Directions

Notes

Recipe: .... Serves: ....

Prep Time: .... *Cook Time:* .... *Oven Temp:* ....

Ingredients

....	....
....	....
....	....
....	....
....	....
....	....
....	....
....	....

Directions

....
....
....
....
....
....
....
....
....
....

Notes

Recipe: .... *Serves:* ....

Prep Time: .... *Cook Time:* .... *Oven Temp:* ....

Ingredients

....
....
....
....
....
....
....
....

Directions

....
....
....
....
....
....
....
....
....
....

Notes

Recipe: .... Serves: ....

Prep Time: .... *Cook Time:* .... *Oven Temp:* ....

Ingredients

....
....
....
....
....
....
....
....

Directions

....
....
....
....
....
....
....
....
....
....

Notes

Recipe: .... **Serves:** ....

Prep Time: .... *Cook Time:* .... *Oven Temp:* ....

Ingredients

....	....
....	....
....	....
....	....
....	....
....	....
....	....
....	....

Directions

....

....

....

....

....

....

....

....

....

Notes

Recipe: .... Serves: ....

Prep Time: .... *Cook Time:* .... *Oven Temp:* ....

Ingredients

....	....
....	....
....	....
....	....
....	....
....	....
....	....
....	....

Directions

....
....
....
....
....
....
....
....
....

Notes

Recipe: .... *Serves:* ....

Prep Time: .... *Cook Time:* .... *Oven Temp:* ....

Ingredients

....	....
....	....
....	....
....	....
....	....
....	....
....	....
....	....

Directions

....
....
....
....
....
....
....
....
....

Notes

Recipe: .... Serves: ....

Prep Time: ....   *Cook Time:* ....   *Oven Temp:* ....

Ingredients

....	....
....	....
....	....
....	....
....	....
....	....
....	....
....	....

Directions

....
....
....
....
....
....
....
....
....

Notes

Recipe: .... *Serves:* ....

Prep Time: .... *Cook Time:* .... *Oven Temp:* ....

Ingredients

....
....
....
....
....
....
....
....

Directions

....
....
....
....
....
....
....
....
....
....

Notes

Recipe: .... Serves: ....

Prep Time: .... *Cook Time:* .... *Oven Temp:* ....

Ingredients

....	....	....	....
....	....	....	....
....	....	....	....
....	....	....	....
....	....	....	....
....	....	....	....
....	....	....	....
....	....	....	....

Directions

....
....
....
....
....
....
....
....
....
....

Notes

Recipe: .... Serves: ....

Prep Time: .... *Cook Time:* .... *Oven Temp:* ....

Ingredients

....	....
....	....
....	....
....	....
....	....
....	....
....	....
....	....

Directions

....
....
....
....
....
....
....
....
....

Notes

Recipe: .... Serves: ....

Prep Time: .... *Cook Time:* .... *Oven Temp:* ....

Ingredients

....	....	....	....
....	....	....	....
....	....	....	....
....	....	....	....
....	....	....	....
....	....	....	....
....	....	....	....
....	....	....	....

Directions

....
....
....
....
....
....
....
....
....

Notes

Recipe: .... *Serves:* ....

Prep Time: .... *Cook Time:* .... *Oven Temp:* ....

Ingredients

....	....
....	....
....	....
....	....
....	....
....	....
....	....
....	....

Directions

....
....
....
....
....
....
....
....
....

Notes

Recipe: .... Serves: ....

Prep Time: .... *Cook Time:* .... *Oven Temp:* ....

Ingredients

....
....
....
....
....
....
....
....

Directions

....
....
....
....
....
....
....
....
....
....

Notes

Recipe: .... Serves: ....

Prep Time: ....   *Cook Time:* ....   *Oven Temp:* ....

Ingredients

....
....
....
....
....
....
....
....

Directions

....
....
....
....
....
....
....
....
....

Notes

Recipe: .... Serves: ....

Prep Time: ....   *Cook Time:* ....   *Oven Temp:* ....

Ingredients

....	....	....	....
....	....	....	....
....	....	....	....
....	....	....	....
....	....	....	....
....	....	....	....
....	....	....	....
....	....	....	....

Directions

....

....

....

....

....

....

....

....

....

....

Notes

Recipe: .... Serves: ....

Prep Time: .... *Cook Time:* .... *Oven Temp:* ....

Ingredients

....	....
....	....
....	....
....	....
....	....
....	....
....	....
....	....

Directions

....
....
....
....
....
....
....
....
....
....

Notes

Recipe: .... Serves: ....

Prep Time: ....   *Cook Time:* ....   *Oven Temp:* ....

Ingredients

....	....	....	....
....	....	....	....
....	....	....	....
....	....	....	....
....	....	....	....
....	....	....	....
....	....	....	....
....	....	....	....

Directions

....

....

....

....

....

....

....

....

....

....

Notes

Recipe: .... *Serves:* ....

Prep Time: .... *Cook Time:* .... *Oven Temp:* ....

Ingredients

....
....
....
....
....
....
....
....

Directions

....
....
....
....
....
....
....
....
....

Notes

Recipe: .... *Serves*: ....

Prep Time: .... *Cook Time*: .... *Oven Temp*: ....

Ingredients

....	....	....	....
....	....	....	....
....	....	....	....
....	....	....	....
....	....	....	....
....	....	....	....
....	....	....	....
....	....		

Directions

....
....
....
....
....
....
....
....
....
....

Notes

Recipe: .... Serves: ....

Prep Time: .... *Cook Time:* .... *Oven Temp:* ....

Ingredients

....
....
....
....
....
....
....
....

Directions

....
....
....
....
....
....
....
....
....
....

Notes

Recipe: .... Serves: ....

Prep Time: ....   *Cook Time:* ....   *Oven Temp:* ....

Ingredients

....	....
....	....
....	....
....	....
....	....
....	....
....	....
....	....

Directions

....
....
....
....
....
....
....
....
....
....

Notes

Recipe: .... *Serves:* ....

Prep Time: .... *Cook Time:* .... *Oven Temp:* ....

Ingredients

....	....
....	....
....	....
....	....
....	....
....	....
....	....
....	....

Directions

....
....
....
....
....
....
....
....
....

Notes

Recipe: .... Serves: ....

Prep Time: .... *Cook Time:* .... *Oven Temp:* ....

Ingredients

....	....	....	....
....	....	....	....
....	....	....	....
....	....	....	....
....	....	....	....
....	....	....	....
....	....	....	....
....	....	....	....

Directions

....
....
....
....
....
....
....
....
....
....
....

Notes

Recipe: .... Serves: ....

Prep Time: .... *Cook Time:* .... *Oven Temp:* ....

Ingredients

....	....	....	....
....	....	....	....
....	....	....	....
....	....	....	....
....	....	....	....
....	....	....	....
....	....	....	....
....	....	....	....

Directions

....
....
....
....
....
....
....
....
....
....

Notes

Recipe: .... *Serves:* ....

Prep Time: .... *Cook Time:* .... *Oven Temp:* ....

Ingredients

....	....	....	....
....	....	....	....
....	....	....	....
....	....	....	....
....	....	....	....
....	....	....	....
....	....	....	....
....	....	....	....

Directions

....
....
....
....
....
....
....
....
....

Notes

Recipe: .... *Serves:* ....

Prep Time: .... *Cook Time:* .... *Oven Temp:* ....

Ingredients

....	....
....	....
....	....
....	....
....	....
....	....
....	....
....	....

Directions

....
....
....
....
....
....
....
....
....
....

Notes

Recipe: .... Serves: ....

Prep Time: .... Cook Time: .... Oven Temp: ....

Ingredients

....	....	....	....
....	....	....	....
....	....	....	....
....	....	....	....
....	....	....	....
....	....	....	....
....	....	....	....
....	....	....	....

Directions

....
....
....
....
....
....
....
....
....
....

Notes

Recipe: .... Serves: ....

Prep Time: .... *Cook Time:* .... *Oven Temp:* ....

Ingredients

....	....
....	....
....	....
....	....
....	....
....	....
....	....
....	....

Directions

....
....
....
....
....
....
....
....
....
....

Notes

Recipe: .... Serves: ....

Prep Time: ....   Cook Time: ....   Oven Temp: ....

Ingredients

....
....
....
....
....
....
....
....

Directions

....
....
....
....
....
....
....
....
....

Notes

Recipe: .... *Serves:* ....

Prep Time: ....   *Cook Time:* ....   *Oven Temp:* ....

Ingredients

....	....
....	....
....	....
....	....
....	....
....	....
....	....
....	....

Directions

....
....
....
....
....
....
....
....
....
....

Notes

Recipe: .... Serves: ....

Prep Time: .... *Cook Time:* .... *Oven Temp:* ....

Ingredients

....	....	....	....
....	....	....	....
....	....	....	....
....	....	....	....
....	....	....	....
....	....	....	....
....	....	....	....
....	....	....	....

Directions

....
....
....
....
....
....
....
....
....
....

Notes

Recipe: .... Serves: ....

Prep Time: .... *Cook Time:* .... *Oven Temp:* ....

Ingredients

....
....
....
....
....
....
....
....

Directions

....
....
....
....
....
....
....
....
....
....

Notes

Recipe: .... Serves: ....

Prep Time: .... *Cook Time:* .... *Oven Temp:* ....

Ingredients

....	....	....	....
....	....	....	....
....	....	....	....
....	....	....	....
....	....	....	....
....	....	....	....
....	....	....	....
....	....	....	....

Directions

....
....
....
....
....
....
....
....
....
....

Notes

Recipe: .... Serves: ....

Prep Time: ....   *Cook Time:* ....   *Oven Temp:* ....

Ingredients

....	....
....	....
....	....
....	....
....	....
....	....
....	....
....	....

Directions

....
....
....
....
....
....
....
....
....
....

Notes

Recipe: _____ Serves: _____

Prep Time: _____ *Cook Time:* _____ *Oven Temp:* _____

Ingredients

.....	....	.....	....
.....	....	.....	....
.....	....	.....	....
.....	....	.....	....
.....	....	.....	....
.....	....	.....	....
.....	....	.....	....
.....	....	.....	....

Directions

....
....
....
....
....
....
....
....
....
....

Notes

Recipe: .... Serves: ....

Prep Time: .... Cook Time: .... Oven Temp: ....

Ingredients

....
....
....
....
....
....
....

Directions

....
....
....
....
....
....
....
....
....

Notes

Recipe: .... Serves: ....

Prep Time: .... *Cook Time:* .... *Oven Temp:* ....

Ingredients

....	....	....	....
....	....	....	....
....	....	....	....
....	....	....	....
....	....	....	....
....	....	....	....
....	....	....	....
....	....	....	....

Directions

....
....
....
....
....
....
....
....
....

Notes

Recipe: .... *Serves:* ....

Prep Time: .... *Cook Time:* .... *Oven Temp:* ....

Ingredients

....	....
....	....
....	....
....	....
....	....
....	....
....	....
....	

Directions

....
....
....
....
....
....
....
....
....

Notes

Recipe: .... Serves: ....

Prep Time: .... *Cook Time:* .... *Oven Temp:* ....

Ingredients

....	....
....	....
....	....
....	....
....	....
....	....
....	....
....	....

Directions

....
....
....
....
....
....
....
....
....
....

Notes

Recipe: .... *Serves:* ....

Prep Time: .... *Cook Time:* .... *Oven Temp:* ....

Ingredients

....
....
....
....
....
....
....
....

Directions

....
....
....
....
....
....
....
....
....

Notes

Recipe: .... *Serves:* ....

Prep Time: .... *Cook Time:* .... *Oven Temp:* ....

Ingredients

....
....
....
....
....
....
....
....

Directions

....
....
....
....
....
....
....
....
....

Notes

Recipe: .... *Serves:* ....

Prep Time: .... *Cook Time:* .... *Oven Temp:* ....

Ingredients

....	....
....	....
....	....
....	....
....	....
....	....
....	....
....	....

Directions

....
....
....
....
....
....
....
....
....
....

Notes

Recipe: .... Serves: ....

Prep Time: .... *Cook Time:* .... *Oven Temp:* ....

Ingredients

....	....	....	....
....	....	....	....
....	....	....	....
....	....	....	....
....	....	....	....
....	....	....	....
....	....	....	....
....	....	....	....

Directions

....

....

....

....

....

....

....

....

....

....

Notes

Recipe: .... Serves: ....

Prep Time: .... *Cook Time:* .... *Oven Temp:* ....

Ingredients

....
....
....
....
....
....
....
....

Directions

....
....
....
....
....
....
....
....
....

Notes

Recipe: .... Serves: ....

Prep Time: .... *Cook Time:* .... *Oven Temp:* ....

Ingredients

....	....
....	....
....	....
....	....
....	....
....	....
....	....
....	....

Directions

....
....
....
....
....
....
....
....
....
....

Notes

Recipe: .... Serves: ....

Prep Time: ....   Cook Time: ....   Oven Temp: ....

Ingredients

....	....		....	....
....	....		....	....
....	....		....	....
....	....		....	....
....	....		....	....
....	....		....	....
....	....		....	....
....	....		....	....

Directions

....

....

....

....

....

....

....

....

....

....

Notes

Recipe: .... Serves: ....

Prep Time: ....   *Cook Time:* ....   *Oven Temp:* ....

Ingredients

....	....	....	....
....	....	....	....
....	....	....	....
....	....	....	....
....	....	....	....
....	....	....	....
....	....	....	....
....	....	....	....

Directions

....
....
....
....
....
....
....
....
....
....

Notes

Recipe: .... *Serves:* ....

Prep Time: .... *Cook Time:* .... *Oven Temp:* ....

Ingredients

....	....	....	....
....	....	....	....
....	....	....	....
....	....	....	....
....	....	....	....
....	....	....	....
....	....	....	....
....	....	....	....

Directions

....
....
....
....
....
....
....
....
....
....

Notes

Recipe: .... Serves: ....

Prep Time: .... *Cook Time:* .... *Oven Temp:* ....

Ingredients

....
....
....
....
....
....
....
....

Directions

....
....
....
....
....
....
....
....
....
....

Notes

Recipe: _____ Serves: _____

Prep Time: _____ *Cook Time:* _____ *Oven Temp:* _____

Ingredients

....
....
....
....
....
....
....

Directions

....
....
....
....
....
....
....
....
....

Notes

Recipe: .... Serves: ....

Prep Time: .... *Cook Time:* .... *Oven Temp:* ....

Ingredients

....	....	....	....
....	....	....	....
....	....	....	....
....	....	....	....
....	....	....	....
....	....	....	....
....	....	....	....
....	....	....	....

Directions

....
....
....
....
....
....
....
....
....
....

Notes

Recipe: .... *Serves:* ....

Prep Time: .... *Cook Time:* .... *Oven Temp:* ....

Ingredients

....
....
....
....
....
....
....
....

Directions

....
....
....
....
....
....
....
....
....

Notes

Recipe: .... Serves: ....

Prep Time: .... *Cook Time:* .... *Oven Temp:* ....

Ingredients

....
....
....
....
....
....
....
....

Directions

....
....
....
....
....
....
....
....
....
....

Notes

Recipe: .... *Serves:* ....

Prep Time: .... *Cook Time:* .... *Oven Temp:* ....

Ingredients

....	....
....	....
....	....
....	....
....	....
....	....
....	....
....	....

Directions

....
....
....
....
....
....
....
....
....

Notes

Recipe: .... Serves: ....

Prep Time: .... *Cook Time:* .... *Oven Temp:* ....

Ingredients

....
....
....
....
....
....
....
....

Directions

....
....
....
....
....
....
....
....
....
....

Notes

Recipe: .... *Serves:* ....

Prep Time: .... *Cook Time:* .... *Oven Temp:* ....

Ingredients

....	....
....	....
....	....
....	....
....	....
....	....
....	....
....	....

Directions

....
....
....
....
....
....
....
....
....
....

Notes

Recipe: _____ Serves: _____

Prep Time: _____ *Cook Time:* _____ *Oven Temp:* _____

Ingredients

....	....	....	....
....	....	....	....
....	....	....	....
....	....	....	....
....	....	....	....
....	....	....	....
....	....	....	....
....	....	....	....

Directions

....
....
....
....
....
....
....
....
....
....

Notes

Recipe: .... Serves: ....

Prep Time: .... *Cook Time:* .... *Oven Temp:* ....

Ingredients

....	....
....	....
....	....
....	....
....	....
....	....
....	....
....	....

Directions

....
....
....
....
....
....
....
....
....
....

Notes

Recipe:

Serves:

Prep Time: .... *Cook Time:* .... *Oven Temp:* ....

Ingredients

....
....
....
....
....
....
....
....

Directions

Notes

Recipe: .... Serves: ....

Prep Time: ....   *Cook Time:* ....   *Oven Temp:* ....

Ingredients

....	....	....	....
....	....	....	....
....	....	....	....
....	....	....	....
....	....	....	....
....	....	....	....
....	....	....	....
....	....	....	....

Directions

....
....
....
....
....
....
....
....
....

Notes

Recipe: .... **Serves:** ....

Prep Time: .... *Cook Time:* .... *Oven Temp:* ....

Ingredients

....	....	....	....
....	....	....	....
....	....	....	....
....	....	....	....
....	....	....	....
....	....	....	....
....	....	....	....
....	....	....	....
....	....	....	....

Directions

....
....
....
....
....
....
....
....
....
....

Notes

Recipe: .... Serves: ....

Prep Time: ....   *Cook Time:* ....   *Oven Temp:* ....

Ingredients

....	....
....	....
....	....
....	....
....	....
....	....
....	....
....	....

Directions

....
....
....
....
....
....
....
....
....

Notes

Recipe: .... *Serves:* ....

Prep Time: .... *Cook Time:* .... *Oven Temp:* ....

Ingredients

....	....
....	....
....	....
....	....
....	....
....	....
....	....
....	....
....	....

Directions

....
....
....
....
....
....
....
....
....
....

Notes

Recipe: .... Serves: ....

Prep Time: .... *Cook Time:* .... *Oven Temp:* ....

Ingredients

....
....
....
....
....
....
....
....

Directions

....
....
....
....
....
....
....
....
....
....

Notes

Recipe: .... Serves: ....

Prep Time: .... *Cook Time:* .... *Oven Temp:* ....

Ingredients

....	....
....	....
....	....
....	....
....	....
....	....
....	....
....	....

Directions

....
....
....
....
....
....
....
....
....
....

Notes

Recipe: .... *Serves:* ....

Prep Time: .... *Cook Time:* .... *Oven Temp:* ....

Ingredients

....	....
....	....
....	....
....	....
....	....
....	....
....	....
....	....

Directions

....
....
....
....
....
....
....
....
....
....

Notes

Recipe: .... Serves: ....

Prep Time: .... *Cook Time:* .... *Oven Temp:* ....

Ingredients

....	....	....	....
....	....	....	....
....	....	....	....
....	....	....	....
....	....	....	....
....	....	....	....
....	....	....	....
....	....	....	....

Directions

....

....

....

....

....

....

....

....

....

....

Notes

Recipe: .... Serves: ....

Prep Time: ....   *Cook Time:* ....   *Oven Temp:* ....

Ingredients

....
....
....
....
....
....
....
....

Directions

....
....
....
....
....
....
....
....
....

Notes

Recipe: ....   Serves: ....

Prep Time: ....   *Cook Time:* ....   *Oven Temp:* ....

Ingredients

....	....
....	....
....	....
....	....
....	....
....	....
....	....
....	....

Directions

....
....
....
....
....
....
....
....
....
....

Notes

Recipe: .... Serves: ....

Prep Time: .... *Cook Time:* .... *Oven Temp:* ....

Ingredients

....
....
....
....
....
....
....
....

Directions

....
....
....
....
....
....
....
....
....

Notes

Recipe: .... Serves: ....

Prep Time: ....   *Cook Time:* ....   *Oven Temp:* ....

Ingredients

....	....
....	....
....	....
....	....
....	....
....	....
....	....
....	....

Directions

....

....

....

....

....

....

....

....

....

....

Notes

Recipe: .... Serves: ....

Prep Time: .... Cook Time: .... Oven Temp: ....

Ingredients

....
....
....
....
....
....
....
....

Directions

....
....
....
....
....
....
....
....
....
....

Notes

Recipe: .... Serves: ....

Prep Time: ....   Cook Time: ....   Oven Temp: ....

Ingredients

....	....
....	....
....	....
....	....
....	....
....	....
....	....
....	....

Directions

....
....
....
....
....
....
....
....
....
....

Notes

Recipe: .... *Serves:* ....

Prep Time: .... *Cook Time:* .... *Oven Temp:* ....

Ingredients

....	....
....	....
....	....
....	....
....	....
....	....
....	....
....	....

Directions

....

....

....

....

....

....

....

....

....

Notes

Recipe: .... Serves: ....

Prep Time: .... *Cook Time:* .... *Oven Temp:* ....

Ingredients

....	....	....	....
....	....	....	....
....	....	....	....
....	....	....	....
....	....	....	....
....	....	....	....
....	....	....	....
....	....	....	....

Directions

....
....
....
....
....
....
....
....
....
....

Notes

Recipe: .... *Serves:* ....

Prep Time: .... *Cook Time:* .... *Oven Temp:* ....

Ingredients

....	....
....	....
....	....
....	....
....	....
....	....
....	....
....	....

Directions

....
....
....
....
....
....
....
....
....

Notes

Recipe: .... Serves: ....

Prep Time: .... *Cook Time:* .... *Oven Temp:* ....

Ingredients

....
....
....
....
....
....
....
....

Directions

....
....
....
....
....
....
....
....
....
....

Notes

Recipe: _____ Serves: _____

Prep Time: _____ *Cook Time:* _____ *Oven Temp:* _____

Ingredients

....	....
....	....
....	....
....	....
....	....
....	....
....	....
....	....
....	....

Directions

....
....
....
....
....
....
....
....
....
....

Notes

Recipe: .... Serves: ....

Prep Time: .... *Cook Time:* .... *Oven Temp:* ....

Ingredients

....	....	....	....
....	....	....	....
....	....	....	....
....	....	....	....
....	....	....	....
....	....	....	....
....	....	....	....
....	....	....	....

Directions

....
....
....
....
....
....
....
....
....
....

Notes

Recipe: .... Serves: ....

Prep Time: .... Cook Time: .... Oven Temp: ....

Ingredients

....
....
....
....
....
....
....
....

Directions

....
....
....
....
....
....
....
....
....

Notes

Recipe: .... Serves: ....

Prep Time: .... *Cook Time:* .... *Oven Temp:* ....

Ingredients

....	....	....	....
....	....	....	....
....	....	....	....
....	....	....	....
....	....	....	....
....	....	....	....
....	....	....	....
....	....	....	....

Directions

....
....
....
....
....
....
....
....
....
....
....

Notes

Recipe: .... Serves: ....

Prep Time: .... Cook Time: .... Oven Temp: ....

Ingredients

....	....	....	....
....	....	....	....
....	....	....	....
....	....	....	....
....	....	....	....
....	....	....	....
....	....	....	....
....	....	....	....

Directions

....
....
....
....
....
....
....
....
....
....

Notes

Recipe: .... Serves: ....

Prep Time: .... *Cook Time:* .... *Oven Temp:* ....

Ingredients

....
....
....
....
....
....
....
....

Directions

....
....
....
....
....
....
....
....
....
....

Notes

Recipe: .... Serves: ....

Prep Time: .... *Cook Time:* .... *Oven Temp:* ....

Ingredients

....

....

....

....

....

....

....

....

Directions

....

....

....

....

....

....

....

....

....

Notes

Recipe: .... Serves: ....

Prep Time: .... *Cook Time:* .... *Oven Temp:* ....

Ingredients

....	....	....	....
....	....	....	....
....	....	....	....
....	....	....	....
....	....	....	....
....	....	....	....
....	....	....	....
....	....	....	....

Directions

....
....
....
....
....
....
....
....
....
....

Notes

Recipe: .... *Serves:* ....

Prep Time: .... *Cook Time:* .... *Oven Temp:* ....

Ingredients

....
....
....
....
....
....
....
....

Directions

....
....
....
....
....
....
....
....
....

Notes

Printed in Great
Britain
by Amazon